ÉLOGE HISTORIQUE

DE

MICHEL RAMBAUD

PROFESSEUR A LA FACULTÉ DE MÉDECINE,

ANCIEN PRÉSIDENT DE LA SOCIÉTÉ DE MÉDECINE DE LYON

PAR

Le DR P. MEYNET

Membre de la Société de médecine,
Médecin honoraire des hôpitaux de Lyon.

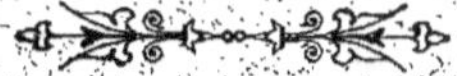

Lu à la séance publique annuelle de la Société de médecine,
le 7 mars 1892.

LYON

ASSOCIATION TYPOGRAPHIQUE

F. PLAN, RUE DE LA BARRE, 12.

1892

ÉLOGE HISTORIQUE

DE

MICHEL RAMBAUD

PROFESSEUR A LA FACULTÉ DE MÉDECINE,

ANCIEN PRÉSIDENT DE LA SOCIÉTÉ DE MÉDECINE DE LYON

PAR

Le DR P. MEYNET

Membre de la Société de médecine,
Médecin honoraire des hôpitaux de Lyon.

*Lu à la séance publique annuelle de la Société de médecine,
le 7 mars 1892.*

LYON

ASSOCIATION TYPOGRAPHIQUE

F. PLAN, RUE DE LA BARRE, 12.

1892

ÉLOGE HISTORIQUE

DE

MICHEL RAMBAUD

Par M. Paul MEYNET

Messieurs,

La Société de médecine, en prescrivant l'éloge public de ceux de ses membres qui l'ont le plus honorée par leurs travaux et leurs services, obéit à une haute et salutaire pensée. L'hommage qu'elle rend à la mémoire de ceux qui ont contribué à accroître son patrimoine moral et intellectuel rejaillit sur elle-même, et en cherchant, dans la mesure qui lui appartient, à préserver leur nom de l'oubli, elle établit la perpétuité des traditions de travail et d'honneur qui font sa gloire. Mais, pour que cet hommage conserve toute sa valeur, il faut qu'il soit digne à la fois de celui qui l'a mérité et de la Société de médecine elle-même.

Naguères, vous n'aviez pas besoin d'être rassurés à cet égard. La parole éloquente de votre ancien et éminent secrétaire général, M. Diday, vous était une garantie suffisante; il vous rendait cette séance solennelle doublement chère par l'attrait qu'il savait mettre dans ses éloges, par l'art délicat qu'il apportait à mettre en relief les qualités de son modèle, et par le charme d'un style où abondaient les saillies fines et spirituelles. Aujourd'hui je crains qu'il ne puisse en être de même. En me confiant la délicate mission de prononcer devant vous l'éloge de M. le professeur Rambaud, vous avez sans doute pris d'avance l'engagement de me couvrir de votre indulgence, sachant bien qu'à défaut de talent, je ne pouvais apporter ici que ma bonne volonté et le tribut d'une respectueuse affection à la mémoire d'un maître et d'un ami. Et cependant, personne, mieux que M. le professeur Rambaud, n'a mérité d'être loué ; personne n'a été plus digne de l'estime et de la considération de ses collègues, non pour des découvertes scientifiques éclatantes, qui sont, de tous temps, l'apanage exclusif de quelques hommes, mais par l'unité d'une vie tout entière consacrée à l'étude des problèmes de la pratique médicale et à l'enseignement de la clinique.

C'est, en effet, sous cet aspect de clinicien que je veux surtout envisager la carrière si bien remplie de M. Rambaud. C'est par là qu'il a été véritablement supérieur ; c'est par sa sagacité, par son bon sens, aidé de connaissances médicales étendues, par la droiture de son jugement et aussi par la loyauté de son caractère, qu'il a mérité de devenir un des praticiens les plus répandus, en même temps qu'un initiateur aimé et écouté de la jeunesse médicale.

Né à Neuville-sur-Saône en 1817, Michel Rambaud eut de bonne heure le goût des sciences naturelles et une vocation instinctive pour la médecine. A quatorze ans, il obtient de son père de quitter une maison d'éducation célèbre, où il croit perdre son temps, pour entrer au lycée de Lyon, où les études sont plus fortes, et où il pourra plus facilement, dit-il, acquérir l'instruction nécessaire pour aborder ses études médicales futures. Au lycée, il se signale par ses succès et aussi, pourquoi le tairais-je ? par son indépendance. Mais il est trop bon élève pour qu'on ne lui pardonne pas quelques escapades, et il arrive à la fin de sa scolarité avec la réputation d'un excellent écolier et d'un bon et joyeux camarade. Il lui est enfin permis de réaliser le rêve de son enfance studieuse et de commencer l'étude de la médecine. C'était en 1836 ; il avait alors dix-neuf ans.

L'École de médecine, telle qu'elle était alors et telle que le plus grand nombre d'entre nous l'ont connue, ne ressemblait en rien aux somptueux bâtiments de la Faculté actuelle. Comme le disait à cette époque l'inspecteur général

Denonvilliers, il fallait avoir deux fois la vocation pour se confiner toute la journée dans ces salles basses, humides, mal éclairées, dans cet amphithéâtre obscur, confinant à une cour plus obscure encore, et dans ces salles de dissection où tout manquait, l'eau, l'air et la lumière. Là, pas de bibliothèque, pas de laboratoire; aucun instrument de travail. En fait de Traité d'anatomie, le vieux livre de Cloquet; et quand on compare l'ancien état de choses à celui que nous voyons aujourd'hui et dont jouissent les élèves en médecine de ce temps-ci, on ne peut s'empêcher d'admirer le courage et l'énergie des élèves d'autrefois qui, malgré toutes ces conditions défectueuses, ont pu travailler, s'élever, se maintenir au niveau de la science et devenir à leur tour des maîtres, tout prêts pour le haut enseignement quand les circonstances sont venues les y conduire. C'est qu'à Lyon, dans notre vieille École, malgré les conditions les plus défavorables, deux des bases les plus solides sur lesquelles repose l'enseignement médical, n'ont jamais fait défaut : à savoir l'anatomie et la clinique. Nos grands hôpitaux ont toujours amplement fourni les éléments de ces deux sciences. Tout récemment encore, notre collègue, M. le docteur Chappet, dans ses intéressantes études historiques sur l'ancienne École, nous montrait la part prépondérante qu'avait toujours prise l'Administration des hospices à la fondation et à l'entretien de cette École.

C'est là que M. Rambaud débuta courageusement, et avec l'heureuse confiance de la jeunesse.

Successivement externe, puis interne des hôpitaux au concours de 1839, il utilise les deux années qui s'écoulent entre sa nomination et son entrée en fonction, en allant à Paris puiser auprès des maîtres célèbres de cette époque le complément nécessaire à son instruction. Là il s'attache particulièrement à suivre les leçons d'Andral, de Chomel, les cliniques de Bouillaud, de Gendrin et de Trousseau, et il y acquiert l'habitude des méthodes pratiques d'investigation, qui lui donneront plus tard ses succès les plus brillants dans le diagnostic et le traitement des affections cardio-pulmonaires.

En même temps il se nourrit de la lecture des anciens : Stoll, Sydenham, Cullen deviennent ses auteurs favoris ; il se forme ainsi une vaste érudition, précieuse réserve pour un avenir qu'il est loin de soupçonner, mais qu'il saura mettre à profit, quand, à son tour, il aura charge d'enseigner.

Rentré à Lyon, il est successivement attaché à différents services hospitaliers, et devient l'élève préféré et le secrétaire de M. Pétrequin.

En 1843, un séjour assez prolongé à Montpellier le met à même de s'initier aux idées traditionnelles de cette vieille et illustre Faculté, et il en gardera toute sa vie l'empreinte. Son internat terminé, il va passer sa thèse à Paris pour revenir à Lyon en juillet 1845 se livrer à la pratique médicale. On eût pu croire alors que le brillant secrétaire du professeur Pétrequin, auquel il venait de dédier sa thèse, allait tourner son activité du côté de la chirurgie. Mais, indépendamment de ses préférences pour la médecine interne, la nécessité de travailler était là pressante. Il fallait pourvoir aux exigences d'une situation difficile. Des revers immérités avaient frappé sa famille et il en avait subi le contre-coup douloureux. M. Rambaud éprouva alors la vérité de cette parole de La Bruyère : « Il n'y a au monde si pénible métier que celui de se faire un nom. » Mais il était courageux, entouré d'amis dévoués, prêts à lui venir en aide, et d'ailleurs bien résolu à réussir pour consoler ses parents de leurs infortunes, comme il se plait à le dire en termes touchants dans la dédicace de sa thèse à son père et à sa mère. Il pensa que le travail était la voie la plus sûre pour arriver au succès, la plus lente aussi, il est vrai ; mais la droiture de son caractère ne lui en eût pas permis d'autres, et sa légitime fierté le préservait suffisamment de toutes les compromissions qui assaillent si souvent les débuts parfois difficiles de la profession médicale. Aussi, en même tempe qu'il cherchait à étendre sa clientèle, clientèle ouvrière d'abord, Sociétés de secours mutuels, etc., auxquelles il apporte la même attention scrupuleuse et le même dévoûment qu'il prodiguera plus tard à des malades plus riches, il poursuit le cours de ses études scientifiques, il met en ordre les observations recueillies pendant son internat, et il en tire de sérieux travaux que j'aurai à vous faire connaître.

Sa thèse inaugurale, soutenue le 17 juin 1845, était intitulée : *De la fièvre en général ; de l'état typhoïde, soit primitif, soit consécutif.*

Ce sujet, imposé par le sort au candidat, suivant l'usage du temps, convenait merveilleusement à l'état d'esprit et aux aptitudes scientifiques de l'auteur, et quoiqu'il s'excuse au début de son travail, d'avoir malgré son inexpérience, à traiter un si vaste sujet de pathologie générale, il fait preuve des qualités qui feront plus tard en se développant la valeur de son enseignement, c'est-à-dire la clarté, la méthode et le sens pratique. Il ne s'égare pas dans les théories plus ou moins spécieuses qui ont cours dans la science sur les causes et la nature de la fièvre, mais il décrit avec une exactitude minutieuse chacun des symptômes propres à l'état fébrile en montrant leur importance relative et en indiquant leur subordination les uns aux autres.

Dans la seconde partie de sa thèse, après avoir en quelques mots décrit la fièvre typhoïde vraie, il la distingue nettement des états typhoïdes qui viennent s'adjoindre à un grand nombre d'affections diverses, chirurgicales ou médicales et constituent une complication secondaire plus ou moins redoutable, due, soit à une auto-infection, soit à l'inoculation d'un principe septique inconnu.

Cette thèse, écrite avec clarté, résumait d'une façon complète l'état de la question à cette époque.

Parmi les travaux dont je parlais tout à l'heure, et qui sont le fruit des loisirs que lui laissait sa profession, je citerai ceux qui sont relatifs aux maladies du cœur.

L'année même où il passait sa thèse, il faisait paraître dans le *Journal de médecine de Lyon* un mémoire : *Sur le diagnostic différentiel des lésions organiques du cœur.* L'année suivante, en 1846, dans le même recueil, un autre mémoire devenu classique : *Sur le diagnostic de la péricardite aiguë à son début.*

L'esprit qui inspire ces deux mémoires est une sorte de réaction contre les tendances de l'organicisme exclusif qui limite le diagnostic à la constatation purement anatomique des lésions, sans tenir compte des causes, de l'état général des sujets atteints, ni des symptômes que l'on peut appeler physiologiques.

Sans méconnaître l'importance de l'auscultation et de la percussion, l'auteur montre l'insuffisance des données fournies par ces méthodes si l'on n'y joint l'examen complet des malades et si l'on ne rattache les symptômes observés aux modifications produites dans le fonctionnement des organes par les lésions elles-mêmes. Le premier de ces mémoires est une étude très complète et très intéressante des diverses lésions des orifices cardiaques et des troubles généraux et locaux qu'ils entraînent avec eux.

Dans le second, l'auteur montre que les signes fournis par l'auscultation et la percussion sont insuffisants pour établir le diagnostic de la péricardite à son début. Lorsque ces signes se révèlent à l'observateur, il est déjà trop tard pour remédier efficacement à des lésions déjà produites. Pour que les bruits de frottement, de scie, de râpe, etc., puissent être perçus, il faut que l'épanchement péricardique ait déjà passé par les phases diverses de son développement. Il en est de même de la matité et de la voussure précordiale qui ne peut être appréciable que lorsque la maladie est déjà sans remède. Or, il importe grandement que la maladie ait été reconnue avant que les diverses lésions dont nous venons de parler aient eu le temps de se produire. C'est donc aux phénomènes généraux qu'il faut s'adresser pour arriver à ce diagnostic.

Les signes du début sont surtout la douleur violente, pongitive, localisée à l'épigastre, à la région sous-sternale ou mamelonnaire, s'étendant quelquefois à toutes ces régions ensemble, donnant parfois au malade la sensation d'un fer aigu qui transperce la poitrine; douleur quelquefois sourde quand elle s'allie au rhumatisme ou à la pleurésie, s'exaspé-rant par la percussion de la région précordiale et par le refoulement mécanique du ventre en haut sous l'influence des contractions du diaphragme.

C'est encore la toux sèche, courte, interrompue, le malade faisant instinctivement effort pour ne pas respirer dans le but de diminuer sa souffrance; ce sont les mouvements vio-lents et tumultueux du cœur, irréguliers, plus ou moins sourds, suivant l'importance de l'exsudation plastique ou séreuse; le pouls dur, fréquent, intermittent, la dyspnée, et enfin les symptômes généraux : fièvre, sueurs abondantes, bientôt froides et visqueuses, tendance au refroidissement des extrémités, à la lypothymie, l'altération des traits de la face donnant au malade cet aspect presque agonique qui donne à l'entourage épouvanté l'impression d'une mort immi-nente. Ici les bruits sthétoscopiques n'existent pas encore, et combien ne serait-il pas dangereux d'avoir attendu qu'ils apparaissent, c'est-à-dire jusqu'au cinquième, sixième et septième jour pour appliquer un traitement antiphlogistique énergique, saignée générale d'abord, puis émissions san-guines locales dans toute leur énergie.

Des observations nombreuses accompagnent cet exposé magistral dont nous ne donnons que la substance, et dans l'une d'elles on voit le diagnostic porté par l'interne, d'a-près l'examen des symptômes de début que nous venons de tracer, se vérifier *irrévérencieusement* à l'autopsie sous les yeux du chef de service qui n'avait pas voulu reconnaître la péricardite en l'absence de signes sthétoscopiques qu'il avait vainement cherchés. J'ai dit que ce dernier travail était de-venu classique ; il a, en effet, été reproduit par tous les au-teurs qui se sont occupés de la question, et il a été inséré en grande partie dans les grands dictionnaires de médecine de Dechambre et de Jaccoud. Dans ce mémoire, remarquable à tant de titres, M. Rambaud, en constatant la tendance des esprits à se contenter d'à peu près quand le diagnostic anato-mique était assuré par les résultats de l'auscultation et de la

percussion, ajoutait ces graves réflexions qui, malgré plu
de quarante ans écoulés, n'ont rien perdu de leur autorité e
de leur saveur, je vous demande la permission de les repro
puire textuellement :

« De même qu'on a voulu, dit-il, par des moyens physi
ques établir un diagnostic exclusivement anatomique, d
même on a pris la méthode numérique comme base d'un
thérapeutique prétendue exacte. Les traditions médicale
sont abandonnées par les jeunes générations ; on fonde e
on édifie avec de nouveaux matériaux; les anciens son
mis au rebut; on s'épuise en efforts inutiles pour faire un
science exacte de ce qui est un art aussi bien qu'une science
A force de vouloir simplifier, on en arrive à créer sur de
statistiques, c'est-à-dire sur des moyennes de maladies et d
traitements des formules de médication toutes faites, véri
tables *vade mecum* du praticien qui le dispense d'étudie
désormais la nature et le génie des maladies : déplorabl
méthode qui enlève au praticien toute initiative, toute re
cherche de clinique sérieuse et qui, sous couleur d'exacti
tude et de précision scientifique, ne fait que favoriser la pa
resse et la nonchalance. »

Ainsi, Messieurs, déjà les tendances de M. Rambaud se
dessinaient nettement dans le sens d'une large synthèse, em
brassant les faits démontrés par l'expérience des siècle
passés et les résultats des recherches modernes.

Nommé, en 1850, chef de clinique des professeurs Pointe e
Brachet, il ouvrit le soir à l'Hôtel-Dieu des cours pratiqués d
percussion et d'auscultation, qui devinrent bientôt populaire
parmi la jeunesse. Ce fut pour beaucoup d'entre nous, à cett
époque déjà lointaine et dont vous me pardonnerez d'évoque
le souvenir, le commencement de relations respectueuses d
notre part, bienveillantes de la sienne, qui depuis se son
transformées pour la plupart en solides amitiés.

Dans le cours de ces années fécondes d'enseignement comme
chef de clinique, le jeune maître reprit le sujet de la nature in
time de la fièvre typhoïde, qu'il n'avait fait qu'ébaucher dan
sa thèse, et auquel le rattachait une sorte de prédilection.

Dans un mémoire, daté de 1851, et qui vous fut communiqué, car déjà à cette époque l'auteur vous appartenait comme membre titulaire, il cherchait à pénétrer plus profondément dans l'intimité du problème. En montrant par une analyse détaillée des symptômes de la fièvre typhoïde, qu'elle constituait le *morbus totius substantiæ* dans sa plus rigoureuse exactitude, il la rapprochait des affections dont la symptomatologie dérive d'une intoxication généralisée, les seules qui puissent expliquer une révolution si complète et si profonde dans tous les organes et dans toutes les fonctions, c'est-à-dire les pyrexies virulentes, variole, rougeole, scarlatine. Comparant ensuite les symptômes propres à chacune de ces pyrexies et ceux de la fièvre typhoïde, il fait voir les nombreuses analogies qui les unissent : étiologie spéciale, régularité de leurs périodes et de leur marche, évolution constante et dans le même ordre des faits qui constituent leur individualité propre, immunité acquise contre une nouvelle invasion par le fait d'une première attaque, et enfin contagiosité et épidémicité ; bien d'autres caractères encore qu'il serait trop long d'énumérer, et voilà autant de preuves de la similitude étiologique de la fièvre typhoïde et des pyrexies virulentes, et par conséquent de leur identité de nature. Enfin, il n'est pas jusqu'aux phénomènes qui sont comme la caractéristique de l'évolution dernière des fièvres éruptives : exanthèmes cutanés, éruptions vésiculeuses ou pustuleuses, qui ne trouvent leurs analogues dans l'éruption dothiénentérique de la peau : taches rosées lenticulaires, et dans les ulcérations des plaques de Peyer et des follicules de Brunner; le bubon mésentérique apparaissant là comme le témoin de la spécificité du virus propre à la fièvre typhoïde.

La conclusion de cette étude comparative poursuivie dans les plus petits détails de la symptomatologie propre à chacune de ses pyrexies, M. Rambaud n'hésitait pas à la formuler nettement dans le sens d'une identification complète de ces fièvres et du rattachement nosologique de la dothiénenterie aux fièvres éruptives.

Malgré les changements survenus depuis dans les idées, et

surtout sous l'influence des découvertes bactériologiques, ce mémoire n'en constitue pas moins une tentative intéressante dans l'histoire des théories médicales, au lendemain des excès de la médecine dite physiologique.

M. Rambaud allait enfin pouvoir déployer ses qualités de clinicien sur un plus grand théâtre. Nommé médecin de l'Hôtel-Dieu au concours d'avril 1853, puis deux ans après professeur suppléant pour les chaires de médecine à l'École secondaire de médecine de Lyon, il était bientôt chargé d'un service, et il entrait à l'hôpital pour n'en plus sortir jusqu'à sa mort.

Il semblerait, Messieurs, que cette voie féconde des concours était toute tracée pour M. Rambaud, et qu'il eût dû y entrer sans hésitation. Il n'en fut rien ; timide et se défiant de lui-même, malgré des apparences contraires, il fallut toute l'insistance de ses amis, tous les encouragements de ses maîtres, et toute la bienveillante autorité de l'homme qui représentait si dignement à cette époque et si *solennellement* le corps médical au sein de l'Administration des hospices, M. le baron de Polinière, pour le décider à tenter la fortune des concours. Heureuse décision, Messieurs, qui allait avoir sur l'avenir de M. Rambaud une si favorable influence, et qui assurait aux pauvres malades de nos hôpitaux les soins d'un médecin aussi bon et aussi dévoué qu'habile et instruit.

Comme médecin suppléant, il débuta à l'hospice de la Charité, dans un service établi pour les jeunes soldats malades. C'était pendant la guerre de Crimée ; l'hôpital militaire était devenu insuffisant. Les malades retour de Crimée et ceux des régiments qui étaient dirigés sur le théâtre de la guerre s'arrêtaient à Lyon où ils étaient hospitalisés. L'Administration des hospices civils était venue au secours de l'Administration militaire, comme elle l'a toujours fait, avec une libéralité dont nos soldats n'avaient qu'à se féliciter. Ils trouvaient dans les deux salles qui avaient été aménagées pour eux à la Charité, avec des soins empressés, les attentions maternelles dont nos bonnes sœurs hospitalières les entouraient, et un régime qu'elles s'efforçaient de rendre plus agréable et plus appétissant à ces malheureux éprouvés par la dysenterie et le typhus d'Orient, et dont la convalescence pénible se compliquait si souvent d'affections diverses.

J'avais, à cette époque, l'honneur d'être l'interne de M. Rambaud, et je fus plus d'une fois le témoin attendri de la bonté et des complaisances exquises qu'il déployait envers ces jeunes soldats, si intéressants d'ailleurs, auxquels il accordait dans une large mesure les congés nécessaires à leur prompt et entier rétablissement. C'est dans ce service qu'il recueillit les éléments d'un important mémoire, qui fut publié plus tard, dans la *Gazette médicale de Lyon*, sous le titre de : *Étude sur les pneumonies, et notamment sur les pneumonies scorbutiques*, travail fondé sur 113 observations recueillies à l'hôpital, du 2 février 1855 au 31 décembre de la même année. Sur ce nombre, il y avait eu 23 morts et 90 guérisons. L'auteur divise ces 113 cas en trois catégories : les pneumonies simples, les pneumonies à forme typhoïde, et les pneumonies qu'il appelle provisoirement asphyxiques. Ces dernières sont au nombre de 26, sur lesquelles on compte 19 morts. Une pareille gravité appelle l'attention. Qu'était-ce donc que ces pneumonies qui ne se révélaient au début que par des phénomènes peu accusés? quelques râles crépitants, un peu de souffle tubaire dans un espace de la largeur d'une ou deux pièces de cinq francs à peine, avec une expectoration plutôt hémorrhagique que véritablement pneumonique, mais présentant dès le début des symptômes généraux effrayants, tels qu'une faiblesse considérable, une dyspnée intense, hors de proportion avec l'étendue de la lésion et une teinte asphyxique de la peau, de la muqueuse des lèvres et surtout des ongles, donnant parfois au malade l'aspect du choléra cyanique le plus caractérisé. La maladie durait à peine quatre ou cinq jours, et la mort arrivait le plus souvent dans une ou plusieurs crises de suffocation foudroyante et paroxystique, au milieu de l'intégrité complète des fonctions cérébrales, en sorte que le malade conservait jusqu'au bout la conscience de lui-même et de sa fin imminente. Les traitements les plus variés étaient impuissants ; la marche du mal n'en paraissait ni retardée ni modifiée, et dans les cas heureux, il était presque toujours impossible de discerner l'action thérapeutique. L'examen nécroscopique fait avec le plus grand soin, dans le but de découvrir la cause de si désolantes catastrophes, montrait les lésions habituelles mais peu tranchées de la pneumonie, toujours peu étendues, souvent sous formes de noyaux disséminés, sans hépatisation, plutôt avec l'aspect mou, diffluent du tissu de la rate et la présence d'énormes caillots noirâtres dans les cavités droites du cœur et dans les gros vaisseaux.

M. Rambaud discute une à une chacune des lésions rencontrées à l'amphithéâtre, et cherche à trouver la relation qui existe entre elles et les symptômes observés pendant la vie. Il établit d'abord que cette forme de pneumonie n'a pas été à cette époque rencontrée dans la population civile, qu'elle a sévi exclusivement chez de jeunes soldats épuisés par de longues marches, pendant les mois les plus froids de l'année, à travers les neiges et la pluie, souvent privés de sommeil par suite de la nécessité d'aller chaque soir chercher un gîte éloigné, et de se trouver le lendemain de bonne heure au lieu du ralliement. Arrivés à la caserne, le plus grand nombre y sont restés alités pendant plusieurs jours par suite de l'insuffisance de l'hôpital militaire, et n'ont reçu par conséquent que des soins incomplets. La plupart venait de quitter leur famille pour aller à Sébastopol, et au chagrin de cette séparation s'ajoutait pour beaucoup la crainte de l'avenir. On ne disait pas beaucoup de bien à cette époque de ce siège, qui devait se terminer si glorieusement, et les récits qui venaient de si loin montraient l'armée décimée par le typhus, par le choléra, par la dysenterie, et par tous les maux qu'entraîne la guerre. Ces mêmes désordres pathologiques se retrouvaient chez d'autres malades que les pneumoniques, et l'on voyait des hommes atteints de rougeole, par exemple, succomber avec de la cyanose, des taches ecchymotiques, du purpura, et présentant cet accablement, cette faiblesse, cette répugnance invincible à toute espèce de mouvements signalés déjà dans le cours de l'épidémie.

En rapprochant ces faits de ceux étudiés par Lind dans sa belle description du *scorbut*, M. Rambaud n'hésitait pas à voir chez ces malades de véritables scorbutiques, chez lesquels la pneumonie du début n'a été pour ainsi dire qu'un épiphénomène, qu'un accident dans le drame pathologique, qui a pu le compliquer sans doute, mais qui n'a fait que masquer l'affection plus générale et plus profonde à laquelle ils ont succombé. Cette conclusion déduite si logiquement et avec un luxe de preuves que je ne saurais reproduire ici, sans fatiguer votre attention, témoigne du soin que notre collègue apportait dans l'analyse clinique des faits soumis à son examen.

Ce soin, il l'étendait à tout ce qui concernait les malades. Il s'enquerrait de tout ce qui pouvait éclairer son diagnostic, non seulement dans leur état actuel, mais dans leurs antécédents. Il croyait avec raison que l'organisme, qui est comme la terre où germe et se développe la maladie, suivant sa propre expression, doit être envisagé dans toutes les circonstances qui ont contribué à le former, dans son passé, comme dans les manifestations actuelles ; dans les climats et les saisons diverses, dans les milieux et les temps où il est appelé à vivre ; et appliquant ces données à la thérapeutique, il montrait que celle-ci doit varier avec ces diverses circonstances, qu'une formule invariable et unique, appliquée au traitement des maladies, est la plus dangereuse des méthodes, et que ce n'est qu'en s'élevant à cette notion de l'état général qu'on devient capable de rendre des services, et de réaliser le but auquel tout médecin doit tendre, c'est-à-dire la guérison des malades.

C'est par de tels travaux et de tels enseignements que la réputation de notre collègue s'étendait et s'affermissait. En possession désormais d'un service permanent à l'Hôtel-Dieu, professeur suppléant à l'École de médecine, et en cette qualité chargé de remplacer fréquemment à la clinique médicale le professeur Devay, dont la santé, déjà fortement ébranlée, réclamait les plus grands ménagements, M. Rambaud voyait grandir ses succès professionnels, en même temps que la confiance des élèves attirait autour de sa chaire provisoire un auditoire nombreux et attentif. En 1863, la mort de M. Devay vint le faire monter définitivement dans cette chaire, qu'il devait occuper pendant près de vingt-cinq ans.

Entre temps, il avait présenté à la Société de médecine divers rapports tous empreints du même esprit d'analyse savante et minutieuse.

En 1854, un *rapport sur le mode de propagation du choléra et sur sa nature contagieuse.* En 1860, un rapport sur un mémoire du Dr Dufresne, *sur le traitement et la guérison de l'anévrysme rhumatismal du cœur, par les eaux thermales de Bagnols.* En 1862, un rapport sur la question mise au concours par la Société de médecine pour l'année 1860-1861, *Dans nos climats, les fièvres typhoïdes, muqueuses, calarrhales forment-elles trois maladies distinctes ?* Je n'ai pas besoin de vous dire à quelle conclusion allaient ses préférences. Observant et écrivant *in aere Lugdunensi,* il n'avait pu méconnaître l'individualité de la fièvre catarrhale, qui a été de tout temps un dogme pour lui.

En prenant possession de *sa chaire de clinique,* M. Rambaud crut devoir faire à ses élèves une déclaration des principes qui allaient guider et féconder son enseignement. Après leur avoir montré en quoi la clinique diffère de la pathologie, l'une s'occupant de la description abstraite de la maladie, l'autre, au contraire, aux prises avec les états morbides, pour ainsi dire, individualisés et présentant par cela même autant de variétés qu'il y a de malades, il leur fait voir combien le diagnostic se complique en raison de cette variabilité des symptômes, et quelles nombreuses causes d'erreurs peuvent être évitées si à la connaissance des caractères propres à la maladie, le médecin sait joindre la connaissance non moins utile de la constitution médicale, des influences climatériques, saisonnières, telluriques, et des circonstances particulières à chaque sujet, telles que la race, le tempérament, les habitudes, l'âge, le caractère moral, l'intelligence, etc. Ce n'est donc pas seulement la mémoire qu'il faut meubler de l'expérience et des notions acquises, c'est surtout le jugement qu'il faut exercer, développer et mûrir, si l'on veut se mettre au niveau des devoirs qui attendent le praticien, et savourer le bonheur de savoir et de pouvoir secourir ses semblables. Exercer son jugement, voilà le grand précepte qu'il ne cesse de donner à ses élèves ; il y revient en toute occasion. Il préfère, le bon sens, le sens commun à la science. « Je n'ai pas la prétention de faire de vous des sorciers, répétait-il souvent, mais des esprits droits. » Il savait qu'en dépit de son nom, le sens commun est rare, suivant le mot célèbre d'Andrieux, et quand il le rencontrait, il en jouissait comme d'une découverte précieuse, de même qu'il s'irritait de trouver si souvent devant lui, ce qu'il appelait des esprits tordus, des gens atteints de strabisme intellectuel.

Examinant une autre fois les *sources de l'exactitude en médecine clinique*, après avoir indiqué les secours qu'elle emprunte aux sciences physico-chimiques, à la nosologie, à l'anatomie normale et pathologique, à la thérapeutique, etc., et les ressources non moins précieuses que lui donne l'étude circonstanciée des phénomènes morbides, de leur succession, de leur régularité, de l'ordre de leur apparition, en un mot de toutes les circonstances qui paraissent influer sur la marche de la maladie, il établit la nécessité pour le clinicien de ne pas perdre de vue la notion de l'unité morbide et de la subordination des symptômes. C'est encore au jugement, au bon sens clinique de ses auditeurs qu'il fait appel pour discerner ce qui dans la maladie joue le rôle principal, ce qui est accessoire, ce qui peut être négligé, et ce qui au contraire doit être combattu ; et il saisit cette occasion pour s'élever contre la médecine des symptômes, fille de l'ignorance clinique, la plus détestable de toutes, celle des gens du monde et de tous les médicastres de quelque nom qu'ils se décorent, de quelque dénomination qu'ils s'affublent.

D'ailleurs, M. Rambaud donnait l'exemple en même temps que le précepte. Aucun malade ne passait à la clinique sans qu'il fût l'objet d'un examen sérieux et approfondi. C'est ainsi que par l'analyse minutieuse et raisonnée des symptômes, par l'emploi méthodique de l'auscultation et de la percussion,

il arrivait, dans une occasion célèbre, à fixer la symptomatologie d'une affection grave du cœur, qui n'avait été révélée
jusque là que par l'examen cadavérique. Je veux parler *du rétrécissement de l'artère pulmonaire*. Bouillaud en avait vu
quatre cas seulement, Aran un seul, Forget ne l'avait jamais
rencontrée. Je voudrais pouvoir citer tout entière l'observa-
tion du malade qui donna lieu à ce que je ne crains pas d'appeler une véritable découverte, et la leçon clinique si savante,
dans laquelle M. Rambaud établit d'une façon définitive ce
point encore obscur de la pathologie du cœur. Je me conten-
terai de la résumer en quelques mots. Il s'agissait d'un vieux
rhumatisant. Les symptômes généraux qu'il présentait ne
laissaient aucun doute sur l'existence d'une lésion du cœur
droit. D'un autre côté, les symptômes locaux donnaient lieu
à une grande incertitude sur le siège précis de l'orifice lésé.
S'agissait-il d'une insuffisance de la valvule tricuspide ?
Non, puisque le maximum du bruit de souffle siégeait à la
base, et qu'il n'y avait ni pouls veineux, ni dilatation des
veines du cou. Était-ce donc l'orifice aortique qui était atteint ?
Non, disait le professeur ; on ne retrouve pas dans les caractères du pouls, ni dans les phénomènes généraux les signes
si caractéristiques du rétrécissement aortique. Le pouls est
régulier, petit, dépressible, sans vibrations, sans intermit-
tences. Ainsi d'exclusions en exclusions, M. Rambaud con-
cluait au rétrécissement de l'artère pulmonaire, dont il éta-
blissait la réalité par l'interprétation rigoureuse des signes
physiques et les lois de la physiologie normale et pathologique. Je passe à regret, Messieurs, sur toutes les raisons qui
justifiaient ce diagnostic si magistralement posé. Qu'il me
suffise de dire que M. le professeur Teissier père, en prenant
le service à son tour, ne put que le confirmer, et que l'autopsie, faite quelques semaines plus tard, vint démontrer devant
une assistance nombreuse et vivement intéressée, la réalité
des lésions annoncées par le Dr Rambaud, et consacrer le
talent de l'habile clinicien. Vous me pardonnerez, Messieurs, d'avoir insisté sur cette question ; mais indépendamment de son intérêt spécial, au point de vue du rhumatisme

cardiaque, il m'a paru utile de rappeler un fait qui honore l'école clinique lyonnaise, et qui a permis de reconnaître désormais sur le vivant une lésion rare, il est vrai, mais redoutable par elle-même et par ses affinités avec la tuberculose pulmonaire.

Une autre question très importante et à laquelle M. Rambaud a consacré de nombreuses leçons est celle de la *fièvre catarrhale avec ses localisations multiples sur les muqueuses, et en particulier sur la muqueuse broncho-pulmonaire.* On peut dire que la connaissance de l'état catarrhal, de ses rapports avec le rhumatisme a été la grande préoccupation de son enseignement. Il voyait l'influence catarrhale se montrer à Lyon dans presque toutes les affections, en même temps qu'elle leur imprimait une forme déterminée et qu'elle nécessitait une intervention thérapeutique spéciale. Pour lui, la pneumonie qu'il appelait catarrhale était caractérisée par des symptômes qui la distinguaient nettement de la pneumonie franche. La température était moins élevée, l'expectoration à peine rouillée, le plus souvent hémoptoïque ; le processus morbide, variable d'un jour à l'autre, envahissant successivement les diverses parties du poumon, quelquefois passant d'un poumon à l'autre avec un souffle bronchique léger, de l'épistaxis, de l'herpès aux lèvres et de la tendance à l'adynamie, rapprochant cette pneumonie de la forme typhoïde ou infectieuse sans en avoir cependant la gravité.

La même influence catarrhale, M. Rambaud la retrouvait dans certaines affections de l'estomac et de l'intestin qui relevaient, suivant lui, d'un état particulier de la température et des conditions climatériques où nous vivons, et de même qu'il attribuait à cette cause une grande part dans la genèse des accidents morbides, il étudiait devant ses élèves l'action d'un autre facteur, non moins puissant dans notre région, l'impaludisme, dont il signalait les méfaits et qui nécessitaient si fréquemment l'emploi de la médication quinique.

Deux de ses anciens chefs de clinique, M. le docteur Marc Mathieu et P. Lacour, ce dernier qui porte un nom cher à notre Compagnie et qui m'ont fourni, avec une bienveillance dont je les remercie, la plus grande partie de ces détails, insistent tous deux sur le grand art que M. Rambaud apportait dans l'examen et l'interrogatoire des malades. Pendant ses années de noviciat, pour ainsi dire, au milieu de la population ouvrière malade, il avait appris le langage spécial aux diverses professions, les termes et la technique des métiers, le genre de vie propre à chacun, et il connaissait, pour les avoir observées de près, les conditions plus ou moins fâcheuses de leur hygiène particulière, et les entraînements auxquels ils ne savaient résister ; et c'était pour les auditeurs un sujet d'étonnement et un véritable plaisir d'entendre le professeur interroger chacun dans son langage spécial, *canuts* de la Croix-Rousse ou mariniers du Rhône. Il apportait dans cet interrogatoire une certaine familiarité brusque et cette bienveillance qui sait trouver le chemin du cœur et susciter la confiance.

M. Rambaud ne se bornait pas à donner à ses élèves les résultats de son propre examen, mais il passait de longues heures à les faire examiner et interroger eux-mêmes les malades ; il suscitait leurs remarques, répondait avec bienveillance à leurs objections, discutait leur diagnostic, et ce diagnostic une fois posé et discuté, il leur demandait d'instituer le traitement. Quand il s'adressait à de jeunes étudiants, il en recevait parfois des réponses un peu risquées. Pour eux, la thérapeutique était forcément active, trop active même, le malade en serait mort. Le professeur approuvait ou critiquait, suivant le cas, toujours paternellement. Quelquefois, il témoignait par une boutade de l'impatience que lui faisait éprouver une réponse saugrenue ou prétentieuse. Un jour, après une consultation publique où chacun avait émis son avis, celui-ci voulant saigner, celui-là purger ou faire vomir, cet autre conseillant des révulsifs, « eh bien, moi, dit-il, je me contenterais de le..... mettre au lit. » Sa thérapeutique, en effet, était aussi simple que possible. Il la réduisait au strict minimum. Dans les affections à marche et à évolution cycliques, à moins d'indications spéciales, et quand le ma-

lade paraissait devoir guérir par les seules forces de la nature,
il épargnait au patient l'absorption de drogues inutiles, et
montrait aux élèves à observer la marche régulière de la
maladie, sa durée normale, en la comparant à ces divers
points de vue aux affections semblables traitées suivant les
procédés classiques. Il n'écartait point de parti pris les méthodes thérapeutiques nouvelles, en même temps que son esprit
s'ouvrait à tout ce qui était sage, raisonnable, consacré par
l'expérience. Le traitement de la fièvre typhoïde par les bains
froids trouva en lui un partisan convaincu, non pas qu'il
adoptât la formule de Brand dans toute sa rigueur. Il voulait
qu'on purge d'abord le malade, et ne commençait l'administration des bains froids qu'au commencement du deuxième
septénaire. Concurremment avec les bains, il prescrivait le
sulfate de quinine comme tonique, et prétendait ainsi écarter
les complications. D'ailleurs, bien avant la systématisation
de Brand, il avait appliqué la réfrigération au traitement
des maladies hyperpyrétiques. Au début de sa pratique médicale, suivant ainsi le précepte et l'exemple de Gendrin, il
avait osé employer les bains frais dans le traitement de la
dothiénentérie, et, appuyé sur l'autorité de son maître, M. Pétrequin, il avait appliqué ce traitement avec succès dans sa
propre famille.

Ennemi des systèmes, de ceux surtout qui, fondés sur un
examen incomplet des malades, imposent à tous une médication uniforme sans tenir compte des différences individuelles,
il professait qu'avant tout une thérapeutique sage doit s'ins-
pirer de cette notion de la guérison spontanée et de la nature
médicatrice, que les grands praticiens du passé ont si souvent reconnue et proclamée, quelquefois peut-être en l'exa-
gérant ; qu'en second lieu, il est important de ne pas confon-
dre tous les actes morbides dans la même répression, les uns
ayant une tendance vers la guérison, les autres dominant la
maladie et lui donnant sa physionomie et son cachet particulier, et qu'il est nécessaire de combattre ; enfin, que tout
en tenant compte des enseignements que nous ont légués nos
devanciers, il faut plus encore s'attacher aux progrès que

l'anatomie pathologique et la physiologie expérimentale ont fournis pendant ces dernières années pour la connaissance des lésions anatomiques et des perversions qu'elles entraînent dans les fonctions. « C'est ainsi, disait-il, qu'on ne verra plus le médecin se complaire comme autrefois dans des conceptions nuageuses, ou, comme aujourd'hui, s'isoler dans la contemplation stérile d'un organe ou d'une fonction, en faisant, en quelque sorte, abstraction de l'unité physiologique ou humaine qui est en jeu. »

La recherche et la découverte des indications, c'est là la pierre de touche du véritable clinicien. M. Rambaud y revenait à chaque instant, dans ses leçons, dans ses discours de rentrée, au lit du malade surtout, où il faisait l'application des préceptes qu'il avait si magistralement formulés ailleurs. A ce point de vue, il montrait l'importance des constitutions médicales qui modifient si profondément les indications thérapeutiques, que telle maladie autrefois traitée par les antiphlogistiques, par la saignée, requiert aujourd'hui impérieusement l'emploi des évacuants, des toniques, des excitants ou des révulsifs diversement associés. Et si de pareils changements dans la thérapeutique ont été nécessaires, est-ce à dire que nos devanciers se soient trompés dans leur appréciation de la nature des maladies ? Non, sans doute, c'est simplement la constitution médicale stationnaire qui a changé, qui s'est modifiée peu à peu sous l'influence des causes plus ou moins appréciables, et qui a donné à la maladie, restée la même en apparence, une nature et des caractères différents, quelquefois même opposés. De même les constitutions médicales dites passagères modifient à leur tour, suivant les influences atmosphériques et saisonnières, la physionomie des maladies et leur impriment des caractères spéciaux qui sont également des sources d'indications nouvelles, plus difficiles à déterminer, il est vrai, mais que le praticien doit connaître pour diriger sa médication et ne pas faire fausse route dans le traitement des maladies à forme endémique ou épidémique.

Un tel enseignement, Messieurs, qui ne rejetait rien des

traditions du passé, qui accueillait avec empressement toutes les découvertes modernes, et cherchait par un labeur incessant à appliquer les unes et les autres à la science clinique et à l'art de guérir, un tel enseignement, dis-je, devait porter des fruits abondants et accroître la renommée du professeur. Et, en effet, pour M. Rambaud, le succès était venu; une clientèle nombreuse et dévouée lui prodiguait les marques de sa confiance; de nombreux élèves l'entouraient avec respect; ceux qui, arrivés à la fin de leurs études, allaient s'établir au loin y portaient la réputation de leur maître, et avaient souvent recours à ses conseils, quand les difficultés de la profession leur faisaient une responsabilité trop lourde. Parmi ceux qui restaient à Lyon, la plupart lui demeuraient attachés par des liens semblables, et plus encore par la reconnaissance personnelle pour les soins si vigilants, si attentifs et si désintéressés qu'il donnait à leur jeune famille, et qu'ils lui demandaient sans hésitation, avec la certitude d'être toujours accueillis. Tout semblait, à cette époque, sourire à notre collègue. Devenu médecin du lycée à la mort de M. le Dr Gromier, il trouvait là un nouveau champ ouvert à son activité, en même temps qu'il y était reçu avec la déférence due à son éminente situation, et plus encore à ses services. Son autorité médicale était incontestée parmi ses confrères, qui en toute occasion lui témoignaient leur estime et leur sympathie. Hélas, Messieurs, le bonheur de l'homme est fragile, et des catastrophes répétées viennent lui rappeler trop souvent le néant de ses espérances. Un fils unique, qui faisait sa joie, qui par ses rares qualités de cœur et d'esprit, par la distinction et l'élégance juvénile de sa personne, par son amour précoce de l'étude et du travail, lui promettait un successeur et un digne héritier de son nom, lui était enlevé par une longue et douloureuse maladie. Ce fut pour notre collègue un coup de foudre. De ce jour tout s'écroula pour lui, et si par la suite il sembla se relever sous l'influence des sympathies qui l'entourèrent et du travail auquel il demanda sa véritable et unique consolation, la plaie n'en resta pas moins saignante au fond de son cœur. Il en a emporté la blessure avec lui.

C'est pour l'historien de M. Rambaud une tâche difficile et douloureuse que de rappeler cette époque de sa vie. Tous, vous l'avez vu à ce moment courbé sous le poids d'un chagrin trop lourd pour ses épaules, marcher la tête inclinée, le regard vague, perdu dans sa triste et silencieuse méditation. Tout ressort semblait brisé en lui. Sa santé, jusque-là si robuste, paraissait devoir succomber, et cela dura longtemps. Mais chez M. Rambaud, le devoir savait se faire entendre, il lui disait que la douleur est vaine et impuissante pour le bien, et que personne n'a le droit de s'y abandonner quand il a charge d'âmes. Et puis, dans cet intérieur désolé, où le père et la mère étaient désormais seuls à souffrir, chacun d'eux se sentait obligé de cacher ses larmes, afin de donner à l'autre l'exemple de la résignation et du courage. Nobles efforts, Messieurs, qui ont du moins réussi à apaiser, sinon à consoler ce qui était au-dessus de toute consolation.

M. Rambaud se reprit donc au travail. Il revint à la clinique, il y recommença ses leçons. Au lycée où il revoyait les compagnons du cher disparu, on aurait cru tout d'abord qu'il aurait à peine le courage de continuer ses visites. Il y fut au contraire plus assidu. Les soins qu'il y donnait revêtaient un caractère de paternelle tendresse qu'il n'avait pas autrefois. Si son cœur fut souvent déchiré à la vue d'une chevelure blonde et d'un gentil visage, les larmes qu'on lui voyait répandre attestaient suffisamment l'énergie de l'effort qu'il s'imposait pour remplir son devoir. Enfin, il reparut à vos séances. La vie paraissait recommencer son cours normal pour notre confrère lorsque la guerre éclata. Il en ressentit toutes les amertumes, mais son patriotisme n'en reçut aucun découragement. Il croyait fermement au relèvement de son pays. « Je ne le verrai pas, disait-il, mais vous qui êtes jeunes, vous vivrez assez pour voir la France vengée et redevenue florissante. » Hélas, ce vœu n'est pas encore réalisé dans le sens où l'entendait son auteur.

Lors de la création de la Faculté de médecine, M. Rambaud était naturellement désigné pour en faire partie. Les organisateurs de la nouvelle Faculté ayant décidé de transformer une des chaires de clinique en clinique expérimentale, on offrit à M. Rambaud la chaire de pathologie interne. Il refusa ; sa vie entière s'était passée à l'hôpital auprès des malades qu'il aimait, et qu'il soignait avec un dévoûment et une habileté incontestables. Il préféra se contenter d'une position plus modeste de professeur adjoint, et il resta à cette clinique où il avait fait déjà tant de bien, et où il avait formé tant de générations d'élèves. C'est de cette époque que datent *ses leçons sur l'urémie*, considérée soit comme la conséquence extrême de la maladie de Bright, soit comme complication d'un grand nombre d'affections diverses : maladies du tube digestif, troubles du système nerveux, maladies infectieuses, etc. Dans son service, il ne manquait jamais de faire examiner les urines de chaque malade, et de doser l'urée excrétée, regardant presque comme urémique tout malade chez lequel le chiffre de l'urée descendait au-dessous de 20 grammes en vingt-quatre heures. C'était en tout cas pour lui une indication formelle d'intervenir par des purgatifs et des diurétiques. A cette époque se rattachent également *ses recherches sur l'alcoolisme*, dont il constatait depuis longtemps les ravages dans la population hospitalière. Il en était venu à rendre l'alcool responsable d'une foule de maux, et il l'accusait d'être la cause la plus fréquente des complications qui surviennent dans un grand nombre d'états morbides. De là sa répugnance à le prescrire chez ses malades sous quelque forme que ce fût, même sous celle de vins pharmaceuques dont il considérait l'emploi comme le plus souvent inutile et abusif. Dès cette époque aussi, M. Rambaud renonçait, sinon complètement, au moins en partie, aux leçons *ex cathedrâ*. Il préférait borner son rôle à la clinique plus familière au lit du malade. Obligé par suite de l'insuffisance des locaux et d'une organisation encore incomplète, de recourir pour faire ses cours à l'hospitalité, d'ailleurs gracieusement offerte, d'un des amphithéâtres de clinique chirurgicale, il lui arrivait souvent de trouver la place occupée, et plutôt que d'entrer en conflit, il se retirait. Ce fut pour lui l'origine de quelques difficultés légères ; de plus, les stagiaires manquaient ; l'École de santé militaire n'existant pas encore, le nombre des élèves était par cela même plus restreint. Dans ces conditions, M. Rambaud préférait s'entourer d'un petit cercle d'auditeurs sur lesquels son action pouvait s'opérer facilement et fortement, et je tiens d'un des internes de cette époque, devenu par le concours médecin des hôpitaux d'une grande ville et praticien des plus répandus, qu'il devait à cette savante direction, aussi bienveillante qu'éclairée, tous les succès qu'il a remportés depuis.

Mais des séparations plus douloureuses allaient bientôt frapper notre honorable collègue. L'heure de la retraite allait sonner pour lui. Il fallait quitter l'hôpital, abandonner ce service des pauvres auquel il était voué depuis si longtemps. Il fallait désormais renoncer à cette douce habitude de communiquer ses idées à de jeunes intelligences attentives et empressées. Il ne pourrait plus former la jeunesse à la pratique de la médecine, à la recherche de la vérité clinique, et par ses préceptes et son exemple, à la notion plus haute du bien auquel le médecin doit dévouer sa vie. Ce sacrifice quoique prévu était au-dessus de ses forces. D'ailleurs sa santé déclinait depuis longtemps. Déjà, à deux reprises différentes, de volumineux anthrax étaient venus le condamner à un repos momentané, et effrayer son entourage et ses amis. Des douleurs rhumatismales et un catarrhe bronchique longtemps et heureusement combattu par les eaux de Royat avaient fini par triompher de sa vigoureuse constitution. Un accès d'angine de poitrine l'emporta brusquement le 27 novembre 1888.

Messieurs, ma tâche ne serait pas suffisamment remplie, si à côté du médecin et du professeur, j'allais oublier de vous entretenir de l'homme, du confrère et de l'ami. Mais à qui d'entre vous aurais-je besoin de rappeler cette noble et austère figure que la souffrance avait marqué de son sceau, mais qui savait s'empreindre à l'occasion de tant de bienveillance et de bonté ! Vous saviez tous quelle sensibilité exquise se cachait sous ses dehors un peu brusques. Froid et réservé en apparence, il ne se donnait pas facilement, mais quand on avait su triompher de cette réserve on pouvait tout attendre de son dévouement. Ses clients ne l'ignoraient point. Victor de Laprade l'adorait et il avait en lui une confiance absolue, et ce n'était pas seulement la science et l'habileté du praticien qui retenaient auprès de lui cette foule de malades, c'était aussi la certitude qu'en toutes circonstances on pouvait compter sur lui, et qu'un ami et un conseiller, parfois rigide, mais toujours bienveillant, savait se substituer dans l'occasion au médecin dont le rôle venait de finir.

Si une sévère discrétion ne m'était imposée, je vous le montrerais, s'oubliant en de longues stations auprès du lit de certains malades confiés à sa délicate charité, et où sa visite, impatiemment attendue, laissait toujours la résignation et la paix. Il était le médecin des âmes aussi bien que des corps. Que de larmes consolées, que de courages relevés par sa sympathique parole ! Ses conseils, même sévères, étaient toujours acceptés ; sa franchise et sa loyauté en garantissaient le dévoûment. Sa confraternité, si pleinement affectueuse, si délicate en bien des circonstances, n'a pas besoin d'être rappelée ici. Tous nous en avons joui, et ses élèves se souviendront toujours avec un vif sentiment de reconnaissance de la façon bienveillante dont il savait en consultation soutenir et affermir leur autorité dans les familles.

Vous l'aviez appelé à l'honneur de vous présider et il appréciait vivement ce témoignage de votre estime qui lui paraissait couronner dignement sa carrière. Dans sa retraite d'Irigny où il admettait un cercle restreint d'amis et d'anciens élèves, il était considéré comme la Providence des habitants, et bien souvent, au lieu d'y trouver le repos dont il avait tant besoin, c'était un surcroît de fatigues et d'occupations qu'il venait y chercher, n'ayant jamais su refuser ses secours à personne, aux pauvres surtout pour lesquels il montrait dans les derniers temps de sa vie une prédilection particulière.

Tous les dévouements le touchaient et allaient à son cœur : prêtres, soldats, sœurs hospitalières, petites-sœurs des pauvres, lui causaient des émotions véritables. Il ne savait pas rencontrer une de ces dernières sans s'arrêter respectueusement devant elle et lui glisser délicatement son offrande. Sa sympathie et son admiration étaient acquises à toutes les œuvres utiles et il ne marchandait ni son temps ni sa bourse pour leur venir en aide. Chrétien convaincu et fidèle, il avait depuis longtemps placé sa foi et ses espérances dans ces régions sereines et inaccessibles où les bruits de la terre n'arrivent plus que voilés et apaisés, et où toute illusion cède la place à une réalité plus haute et plus consolante. Ainsi est-il mort, dans le calme et la sérénité de sa conscience, confiant dans l'infinie miséricorde et avec l'espoir de l'éternelle réunion aux êtres aimés. M. Rambaud laisse à ses amis, à ses confrères, à tous ceux qui ont eu l'honneur de le connaître, le grand exemple d'une vie sincère et profondément honnête. Il a été le type du savant modeste et consciencieux ; du professeur dévoué à sa tâche, plus soucieux des progrès de ses élèves que de sa propre gloire, et il restera parmi nous, ses collègues de la Société de médecine, comme un des plus hauts représentants de la dignité professionnelle et de l'honneur médical.

www.ingramcontent.com/pod-product-compliance
Lightning Source LLC
LaVergne TN
LVHW012256050726
842524LV00004B/1143